CW01336340

Lucía Lijtmaer (Buenos Aires, 1977) creció en Barcelona. Es escritora y crítica cultural. Colabora en *El País, El Periódico* y *RAC1*. Es autora de *Casi nada que ponerte* y *Yo también soy una chica lista*. En Anagrama también ha publicado *Cauterio*. Codirige junto a Isa Calderón el podcast cultural *Deforme Semanal*.

Ofendiditos
Sobre la criminalización de la protesta
Saltan noticias como la censura del cartel de una exposición de Egon Schiele, se debate en torno a un cuadro de Balthus o a la *Lolita* de Nabokov... ¿Nos invaden el neopuritanismo y la corrección política? ¿Asistimos a un cambio de paradigma moral, al triunfo de la censura y la autocensura? ¿O se está produciendo una descalificación y hasta criminalización de la protesta? Este libro explora las verdaderas amenazas a la libertad de expresión, que no vienen de minorías, feministas u ofendidos, sino del poder político y legislativo. Porque señalar despectivamente al ofendidito no criminaliza su derecho, nuestro derecho, a la protesta.

Ofendiditos

Lucía Lijtmaer
Ofendiditos

Sobre la criminalización
de la protesta

editorial anagrama

Primera edición: mayo 2019
Segunda edición: agosto 2019
Tercera edición: mayo 2020
Cuarta edición: diciembre 2020
Quinta edición: junio 2021
Sexta edición: septiembre 2021
Séptima edición: octubre 2021
Octava edición: marzo 2022
Novena edición: junio 2022

Diseño de la colección: lookatcia.com

© EDITORIAL ANAGRAMA, S. A., 2019
   Pau Claris, 172
   08037 Barcelona

ISBN: 978-84-339-1630-3
Depósito Legal: B. 9897-2019

Printed in Spain

Liberdúplex, S. L. U., ctra. BV 2249, km 7,4 - Polígono Torrentfondo
08791 Sant Llorenç d'Hortons

They set off from Plymouth and landed in Plymouth! How lucky is that?

EDDIE IZZARD

Prólogo

La opinión pública ha dado un giro. Al principio era apenas perceptible, pero en los últimos años el viraje ha sido total. Los medios de comunicación se han plagado de nuevas polémicas, con un léxico prácticamente desconocido hace tan solo una década. En una discusión sobre una obra literaria con un personaje misógino, se declara la imposibilidad del debate, la propagación de la censura y la ofensa. Si se pide que una exposición sea contextualizada en su tiempo y espacio, se acusa al público de pirómano y puritano. ¿Quiénes son los ofenditos, las puritanas y los neocensores de los que se habla ahora en la prensa opinativa sin cesar? O, más bien, ¿quién habla?, ¿por qué ahora?

Este pequeño ensayo pretende analizar y responder a estas cuestiones. Diferentes casos han estallado en los medios de comunicación en los últimos años y han puesto sobre la mesa la responsabilidad en el ejercicio de la opinión y los límites de la libertad de expresión de manera simbólica. La mayoría de estos casos han sido utilizados por firmas muy reconocidas del panorama opinativo español para denostar una supuesta censura, no evidente sino soterrada, y según ellos mucho más peligrosa que la censura legislativa: una autocensura moralista de la que serían responsables diversas minorías y los movimientos feministas.

De la mano de este debate han llegado nuevos vocablos para nombrar a los responsables de esta agitada discusión. Este texto ahonda, por un lado, en la trazabilidad de ese léxico, y, por otro, en su uso interesado para ocultar lo que en realidad pasa y se deja de lado: la libertad de expresión está constantemente amenazada, pero no por minorías, feministas puritanas u ofendidos moralistas, sino por un poder político y legislativo al que los mismos analistas que ponen el grito en el cielo en la prensa no quieren mirar a la cara.

La tesis de este texto es, en definitiva, que el señalamiento al moralista «ofendidito» en realidad no hace otra cosa que ocultar interesadamente la criminalización de su derecho, de nuestro derecho como sociedad, a la protesta.

Introducción

Este texto iba a empezar de otra manera, pero debe empezar así: hace apenas unos meses, mientras comenzaba a investigar sobre qué entendemos por puritanismo, protagonicé una pequeña anécdota, una nimiedad, una tontería en las redes sociales. En mis redes. Ni siquiera de manera intencionada. Salía del gimnasio, y un amigo y yo comentábamos, con la ligereza y superficialidad que nos habían proporcionado las endorfinas después de correr y sudar, lo atractivo que era el monitor.

Era una charla por WhatsApp, algo común y tonto. Mientras hablábamos de nuestro joven y guapo monitor, mi amigo investigaba por las redes hasta que dio con su perfil de Instagram. Más redes. En sus fotos, nuestro monitor nos daba la información esperable de un veinteañero que se dedica al deporte en su vida profesional: muchas fotos de partidos, entrenamientos y algún selfie con los amigos.

Mi amigo especulaba con las preferencias sexuales de nuestro monitor: en sus redes no había apenas fotos con mujeres. Eso lo entendía él como una posible señal de incitación. Yo argumenté, en tono de broma, que eso no tenía por qué decir nada: al fin y al cabo, a muchos heterosexuales no les gustan realmente las mujeres, dije entre risas. No tienen amigas, no citan a mujeres entre sus preferencias culturales, no hay señal de mujeres en su vida diaria. Esa fue mi chanza, porque eso me parecía que demostraba nuestro monitor en ese diario fotográfico que es Instagram: que era un hetero joven con un universo exclusivamente masculino. Mi amigo acabó dándome la razón, ambos nos reímos por chat y poco más. Hasta que decidió incluir mi superficial aunque –creo yo– divertida reflexión en su muro de Facebook, etiquetándome como autora.

Lo que pasó a continuación sorprenderá –o no– al lector. A los cinco minutos empezaron a aparecer comentarios más o menos graciosos sobre el mundo interior de la heterosexualidad masculina en general. Mi comentario, de índole privada, pronunciado frívolamente al finalizar la actividad física diaria, se había convertido en la típica tertulia momentánea de un grupo de amigos de la red social. Pero Facebook es siempre un muro, así se llama y así lo concebimos, y en un muro uno cuelga y reflexiona (?) sobre lo que mejor le parece. Es también un enemigo de la ironía y puede ser un espejo de la demostración egocéntrica de la inteligencia: «Mira, mamá, sin manos.» Tras diez minutos de comentarios y gracejo, alguien –una mujer–, una escritora de prestigio, se vio impelida a ejercer la crítica: ¿por qué me metía yo con los heterosexuales?, ¿acaso no eran misóginos también los homosexuales? Me pudo el pudor, claro, y no contesté, como no había contestado a ninguno de los otros comentarios jocosos. Pero alguien más, alguien a quien yo conocía personalmente, añadió: ¿no me daba cuenta yo de lo injusto que era mi argumento contra los hombres heterosexuales? Mi primer instinto fue dejarlo estar, pero ellas continuaron. La pregunta era directa: ¿no me daba cuenta de que no todos los hombres, *not all men...?*

Con cierta pereza, me sentí obligada a defenderme: era una broma privada que se había hecho pública, pero sí, consideraba que a veces la broma tenía algo de verdad. Ambas mujeres siguieron en sus trece, hasta que una de ellas escribió: «Estoy cansada de este feminismo que está lleno de misantropía y oculta una censura soterrada.»

Ahí estaba, delante de mis ojos, sin que yo pudiera evitarlo. Sin que sirvieran las aclaraciones, ni el sentido del humor. Me acababan de bautizar: yo era una puritana.

1. Cuando las neopuritanas son las demás

En los últimos tiempos, en menos de una década, hemos experimentado un golpe de timón enorme, un cambio que parecía imposible en la conversación pública de masas en España.[1] No se sabe muy bien cuándo ni cómo llegó el salto en el discurso, pero de repente estaba ahí instalado. El concepto *puritanismo* empezó a utilizarse, unido a lo que se denomina *lo políticamente correcto,* y más recientemente a la *ofensa,* para en ocasiones discutir y en otras oponerse a expresiones propias de movimientos sociales considerados minoritarios o identitarios.

1. Santiago Gerchunoff, *Ironía On. Una defensa de la conversación pública de masas.* Barcelona: Anagrama, 2019.

De repente, tras una denuncia pública, una queja de contenido social o una mera broma –como me había pasado a mí–, eras una puritana. Adjetivo al que se podía asociar, muy fácilmente, otro: el de censora.

¿Qué características van asociadas a esta acusación de puritanismo? En general, las siguientes: un puritano o puritana en la actualidad es aquel que observa un tipo de moral o visión con respecto a las normas sociales y la impone como única. Ese es el grueso de la definición. Para el puritano o puritana, todo aquello que no forma parte de esa regla moral o social debe quedar fuera del debate público por poco pertinente, cuando no debe ser directamente censurable, o punible por ley. En resumen, esta es la escalada de la censura implícita en el puritanismo contemporáneo:

1. Poco acertado.
2. Censurable y por tanto no apto para el debate público.
3. Castigable por ley.

La gradación varía con el caso, pero en general las opiniones del puritano, por la definición que ha calado en la prensa opinativa contemporánea, suelen atacar aquello que se sitúa entre el primer y segundo escalafón. La tercera categoría es propia de casos muy candentes y no se suele atribuir a la «moral puritana», sino a «la horda» o «la turba», una masa indefinida e indefinible que solamente tiene por objeto el «linchamiento» en las redes.[1]

Por ejemplo: la censura de los anuncios de una exposición de Egon Schiele en el Reino Unido y Alemania fue leída como un caso de puritanismo, pero la acusación al humorista Dani Mateo por delito de ofensa contra la bandera de España no. El primer caso tiene que ver, para quien lo define así, con una cuestión moral, y el segundo con una mala interpreta-

---

1. No puedo sino hacer un pequeño inciso sobre el uso metafórico del concepto de *linchamiento,* históricamente definido como «la ejecución de un sospechoso o reo sin un proceso legal previo, por parte de una multitud, habitualmente precedida de un arresto ciudadano. Normalmente es un acto que está fuera de la ley, y penado para proteger el orden público, ya que el Estado debe defender su monopolio de la fuerza *(ius puniendi)*. Se suele llevar a cabo de forma espontánea por motivos sociológicos concretos, normalmente por la conmoción social producida por un delito concreto. Sin embargo, también puede producirse por motivos racistas, religiosos o políticos». En la actualidad, el término *linchamiento* ha pasado a definir el oprobio y la condena en las redes sociales, algo poco agradable y desafortunado –si es legítimo o no resulta del todo discutible según el caso–, pero en absoluto similar a perder la vida a manos de una multitud.

ción de la ley por parte de una horda de enfurecidos –léase la organización Alternativa Sindical de Policía–. Aun así, las acusaciones de puritanismo hoy se suelen producir en un ámbito muy concreto: los debates acerca de supuestas conductas inapropiadas, generalmente de tipo sexual, en el mundo de la cultura. De las últimas polémicas culturales que han sido calificadas de puritanas, las más notables son: la relectura de *Lolita* de Nabokov por parte de ciertas académicas feministas, el revuelo por una exposición del pintor franco-polaco Balthus o el ya citado caso de Egon Schiele.

Todas estas polémicas, curiosamente, han sido tachadas de puritanas alrededor de las mismas fechas, inicios de 2018.

La razón de esta coincidencia temporal no es casual. El término no llegaba ahora por ciencia infusa y no llegaba solo. Para la opinión pública, el epítome de las acusaciones de puritanismo se encuentra en la carta abierta publicada el 9 de enero de 2018 en *Le Monde* por artistas e intelectuales francesas de la talla de Catherine Deneuve o Catherine Millet. El texto, que aquí extractamos, comenzaba así:

La violación es un crimen. Pero el coqueteo insistente o torpe no es un delito, ni la galantería es una agresión machista. El caso Weinstein ha generado una legítima toma de conciencia sobre las violencias sexuales contra las mujeres, particularmente en el ámbito profesional, en el que algunos hombres abusan de su poder. Era necesario. Pero esta liberación de la voz de las mujeres se convierte hoy en su opuesto: ¡nos ordenan hablar como es debido, silenciar lo que enoja, y aquellas que se niegan a cumplir con tales órdenes son consideradas traidoras y cómplices!

Sin embargo, es propio del puritanismo tomar prestados, en nombre de un llamado bien general, los argumentos de la protección de las mujeres y de su emancipación para encadenarlas a un estado de eternas víctimas, de pequeños seres indefensos bajo la influencia de falócratas demoníacos, como en los buenos y viejos tiempos de la brujería.

Ah, la brujería. Cuando mencionaban el puritanismo, las firmantes no se referían (o no solamente), como podríamos especular, a la doctrina protestante que huyó de Europa y se instaló en Massachusetts por razones de índole religiosa, sino a su concepción más deslavada y menos primigenia. *Puritana*, aquí, quiere decir estrecha de miras, moralista y cerrada. Y al otro lado del ring, por supuesto, están las francesas.

(Nota mental: en el imaginario colectivo español, quizás un tanto heredado de la Transición y los viajes a Perpiñán para hacerse pajas en el cine, no hay nada más alejado de una puritana que una actriz francesa.)

¿Qué es un puritano? O, más bien, ¿en qué ha derivado el concepto de *puritano?* Hace falta retrotraerse a los inicios del término para poder entender por qué la palabra ha mutado de significado y ahora se le extrae un sentido que antes no tenía.

Antes de seguir, quiero dejar constancia de que no se me escapa que el lenguaje es un hecho social y que por tanto muta, pero es necesario analizar desde cuándo muta y por qué. Antes de profundizar en qué es una puritana, o una neopuritana, podemos retrotraernos, en esa misma línea, a la popularización del concepto *feminazi* por parte del comentarista radiofónico conservador Rush Limbaugh en los Estados Unidos, y su importación por parte de escritores como Arturo Pérez-Reverte allá por 2012. Mientras se escribe este texto, Pablo Casado, líder del PP, ha empezado a referirse a los grandes peligros de la «ideología de género», un sintagma de reciente creación que parece tener en común con los nuevos movimientos de ultraderecha y ultracatólicos europeos y latinoamericanos.

Pero a lo que nos ocupa: el término *puritanismo*, históricamente, define de forma peyorativa una deriva protestante y calvinista que pretendía «purificar» la Iglesia anglicana de las prácticas católicas. Los puritanos, más protestantes que los protestantes, estaban en profundo desacuerdo con la reforma de la Iglesia anglicana durante el siglo XVII y, tras ejercer una presión importante durante los reinados de Isabel I y Jaime I, quedaron relegados después de la Restauración inglesa en 1660.

Desde ese momento, el puritanismo como movimiento social, religioso y político se fragmentó y radicalizó y, relegado a las islas británicas, obtuvo mayor relevancia en las nuevas colonias de Massachusetts y Nueva Inglaterra, adonde migraron alrededor de 21.000 fieles, familias en su mayoría. La relevancia que alcanzó el puritanismo en el mundo anglosajón a partir de ese momento –su concepción de la moral, la relación entre lo público y lo privado y la idea

del mal en la comunidad– definiría sus principios y mitologías hasta el día de hoy.

Los asentamientos puritanos –mayoritaria-
mente calvinistas y presbiterianos– de lo que
más adelante serían los Estados Unidos se re-
gían por los siguientes principios: una gran
conciencia cívica, deferencia hacia líderes e
instituciones, pertenencia a la Iglesia y respeto y reconocimiento a la autoridad familiar,
ejercida casi en exclusiva por los hombres.

Uno de los más comunes equívocos con respecto al puritanismo es que se le presupone un
contundente rechazo a la sexualidad. Pero ese
es un estereotipo falso. La rigidez moral es la
usual comparada con otras comunidades religiosas europeas de su tiempo: el sexo prematri-
monial o fuera del matrimonio está castigado
–y eso penaliza mucho más a las mujeres que a
los hombres–, y, en consecuencia, los hijos ile-
gítimos ponen en peligro la estabilidad de la
comunidad. De la misma manera, las mujeres
deben observar cierta «modestia» para no atraer
el deseo fuera de la pareja, tal y como describió
espléndidamente Nathaniel Hawthorne casi
dos siglos después. Aun así, a diferencia de en
el catolicismo del siglo XVII –y también en el
actual, según la doctrina–, en el puritanismo se

considera que el sexo dentro del matrimonio es un acto de disfrute que debe ser alentado. Tal como explica *Sex in Middlesex: Popular Mores in a Massachusetts County, 1649-1699*,[1] el clérigo William Gouge se refería al sexo matrimonial como «uno de los mejores y más esenciales actos del matrimonio», y alentaba a las parejas casadas a disfrutarlo «con buen ánimo, consensuadamente y con alegría». El escritor puritano Alexander Niccholes decía en 1615 que en el matrimonio «no había que buscar únicamente una amistad y aliento social, sino la compañía del placer».

La idiosincrasia de la sociedad puritana americana del siglo XVII no guarda relación con el uso que se da al adjetivo en nuestra época, especialmente en los medios de comunicación.

De hecho, después del siglo XVIII, el vocablo *puritano* fue raramente usado en la lengua inglesa.

¿De dónde sale, entonces, el puritanismo esgrimido por la carta abierta de las francesas?

La tribuna, escrita tras el escándalo por el caso Weinstein y en el contexto del movimien-

---

1. Roger Thompson, *Sex in Middlesex: Popular Mores in a Massachusetts County, 1649-1699*. Amherst: University of Massachusetts Press, 1986.

to internacional #MeToo contra la violencia sexual que sufren las mujeres, enumera los males de esta nueva era puritana. A saber: «una campaña de delaciones y de acusaciones públicas a personas que, sin tener la oportunidad de responder o defenderse, fueron puestas exactamente en el mismo plano que los agresores sexuales. Esta justicia expeditiva ya tiene sus víctimas: hombres sancionados en el ejercicio de su profesión, obligados a renunciar, etc.; cuya única falta fue la de haber tocado una rodilla, tratado de robar un beso, hablado sobre cosas "íntimas" en una cena de negocios o enviado mensajes con connotaciones sexuales a una mujer para la que la atracción no era recíproca».

La referencia a un nuevo puritanismo no es casual ni nueva. Pese a que hoy en día el término se utiliza para indicar restricción moral y de costumbres, las búsquedas en ProQuest y Google Scholar sobre «nuevo puritanismo» no dan prácticamente resultados antes de los años noventa. No es hasta 1992 que llega a los medios de comunicación con un artículo de John Irving publicado en el *New York Times,* «Pornography and the New Puritans», en el que el escritor rechaza la propuesta de ley de compensación a las víctimas de la pornografía, apoyada por un sector de las activistas feministas estadounidenses. Irving muestra sus dudas ante la posibilidad de castigar aquellas ficciones que fueran simplemente obscenas, pese a que la ley, en un principio, buscaba proteger a las víctimas de atacantes violentos de quienes se hubiera probado que habían sido directamente influidos por el consumo de pornografía. El proyecto de ley, que se limitaba a pornografía infantil y material obsceno (no protegido por la Primera Enmienda de la Constitución de los Estados Unidos), fue desestimado, ya que no se pudo probar la relación entre violencia y consumo de pornografía.

Uno de los interesantes ejemplos que usa Irving es la reciente publicación de *American Psycho* de Bret Easton Ellis, rechazada por una editorial (Simon & Schuster) por la violencia explícita de su contenido y publicada con gran éxito por otra (Vintage): Irving considera que el cambio de editorial es algo comprensible y achacable simplemente a una «ruptura de contrato», pero no así las críticas realizadas por el crítico Roger Rosenblatt, a las que trata de boicot y censura. Rosenblatt respondió en una carta al *New York Times:* «No sé qué se supone que debe hacer un crítico si él o ella no escribe en términos contundentes sobre libros que le desagradan profundamente. Y si eso es censura, yo soy Napoleón. Lo que está en juego aquí es el gusto, no la censura, y el señor Irving lo sabe. Se identifica con mi juicio literario sobre el libro del señor Ellis, pero elige interpretar mi dureza como censura, mientras que supongo que considera su gusto meramente como opinión.»

Así, el texto de Irving resulta fundamental por tres razones: vincula directamente opinión con censura, ayuda a cimentar la relación entre puritanismo y feminismo y recupera la obra de Nathaniel Hawthorne, que Irving usa para la conclusión de su artículo. La amplia cita del cuento «Endicott and the Red Cross» incide en las torturas impuestas por los fanáticos puritanos a hombres y mujeres: a una mujer pecadora le han cercenado las orejas, chamuscado las fosas nasales y atravesado la lengua con un palo. Irving concluye con una analogía contemporánea ante el martirio literario: «Qué triste comprobar que varias de estas nuevas puritanas son antiguas feministas progresistas.»

Cabe destacar que la comparación entre feminismo y tortura de Irving tuvo respuesta de una de las más conocidas teóricas del feminismo radical, Andrea Dworkin, destacada figura del momento contra la pornografía –y, por ello, muy criticada por el feminismo prosexo–, que consideraba una forma más de sometimiento de las mujeres. En su respuesta, Dworkin hizo suyos todos los tormentos relatados por Hawthorne a través de su experiencia autobiográfica de torturas y vejaciones machistas: «Mi imaginación no alcanza a relatar lo que sufrí en mi vida real.»

En 1993 y 1994 la activista Karen DeCrow y la académica Elizabeth Fox-Genovese recogen el guante de Irving, y relacionan una vez más puritanismo con feminismo. Del trabajo de ambas destaca el de Fox-Genovese, de gran impacto en su momento,[1] donde el nuevo puritanismo feminista aparece tal y como lo entendemos hoy, aunque ninguno de los articulistas que últimamente han hablado de nuevo puritanismo citan a estas autoras.

Fox-Genovese, primero académica feminista marxista y más adelante liberal conservadora y antiabortista, afirmaba en el artículo:

1. Elizabeth Fox-Genovese, «Beyond Individualism: The New Puritanism, Feminism and Women», en *Salmagundi*, núm. 101-102, 1994.

«Un nuevo puritanismo emerge del trabajo de las feministas radicales, que definen todas las formas de la sexualidad masculina como actos de agresión contra las mujeres. Estas feministas, entre las cuales están Catharine MacKinnon y Andrea Dworkin, muestran hostilidad contra la sexualidad en general mientras azuzan el empoderamiento de las mujeres contra los hombres.» Acto seguido, acusaba tanto al feminismo de la segunda ola como al de la tercera –Katie Roiphe y Naomi Wolf– de fomentar códigos sexuales que debilitan la responsabilidad individual.

Curiosamente, el denominado *manifiesto de las francesas* no se articulaba, como los textos de la conservadora Fox-Genovese, alrededor de un «puritanismo más preocupado por la autoridad que por la moralidad» –una autoridad que según ella obsesiona a las académicas feministas radicales y que tiene que ver con el poder ejercido por los hombres sobre las mujeres–, sino que señala una nueva moralidad restrictiva y profundamente antiindividualista –casi profundamente antiestadounidense y antiliberal, podríamos decir.

Como veremos más adelante, lo ocurrido con Fox-Genovese y el nuevo puritanismo corre en paralelo al uso, entre la opinión pública, de la expresión *políticamente correcto:* en los noventa se circunscribía a un mundo académico estadounidense muy concreto, considerado doctrinario, y en los dos mil reflota, con un nuevo significado, para referirse a una multitud informe de recatados y censuradores: ya no son académicos, sino simples ciudadanos ofendidos que, como masa, resultan peligrosos, y a quienes se acusa de limitar el derecho de todos a la libertad de expresión y acción.

Las nuevas puritanas, según las francesas, se posicionan poderosamente en torno al ejercicio del poder y el señalamiento de conductas sexualmente inapropiadas, la censura de obras y autores de acuerdo con una nueva moralidad puritana y la perpetua victimización e infantilización de todas las mujeres.

No quiero seguir sin explicitar y detenerme en algo importante. Esta queja no es únicamente europea o anglosajona, se da también ante los movimientos feministas latinoamericanos. El *tetazo* y los movimientos a favor de la despenalización del aborto en Argentina fueron criticados también por algunas mujeres conservadoras en los medios de comunicación, no ya por puritanos –ya que francamente sería un contrasentido acusar de puritanismo a un millar de feministas en tetas–, sino por una «sobrerrepresentación»: su simplista crítica era que las feministas se arrogaban el derecho a hablar por todas las mujeres.

Otra vez nos encontramos ante la acusación de que se cercena y ahoga la libertad individual, genialmente parodiada por la humorista argentina Charo López interpretando a una de estas «no puritanas»: «No me representan, yo no soy así. Por qué odian a los hombres, a mí nunca me pasó nada, mi padre es una excelente persona, mis hermanos también.»

El recientemente bautizado como *puritanismo activista* o *neopuritanismo,* pues, tiene que ver exclusivamente con la moral sexual. No se declara puritano al que rechaza, por ejemplo, que un miembro de Hogar Social Madrid sea entrevistado en los principales medios de comunicación, o a quien quiere limitar la presencia en el discurso público de un partido de ultraderecha como Vox. Ese no es un puritano, sino que, dependiendo de quién sea el emisor de la noticia, o bien defiende el antifascismo o bien aboga por la corrección política y la censura en las redes (como veremos más adelante). La acusación de neopuritanismo es pues otra cosa. Se tacha de neopuritano a quien señala una victimización y señala o censura (por este orden de gravedad) una ofensa de tipo sexual en una obra artística, ya se trate de una novela como *Lolita,* de la pintura de Balthus o de la intervención de Sonia Boyce en la Manchester Art Gallery, donde descolgó durante una semana el cuadro *Hylas and the Nymphs* del artista prerrafaelita John William Waterhouse.

Por otro lado, también se suele calificar de neopuritano al activismo –considerado censor– que pone en discusión la moral sexual de un creador, por ejemplo en el boicot al homenaje que la Cinémathèque Française rendía a Polanski a finales de 2017.

Uno de los autores españoles que más relevancia tuvo al recoger esta noción de neopuritanismo fue el escritor y columnista Sergio del Molino en *El País.*[1] Siguiendo el hilo de la carta abierta de las francesas, señalaba:

1. No deja de ser curiosa una referencia anterior al nuevo puritanismo en *El País* por parte de Ernesto Hernández Busto, en su artículo «Cerdos y niños» (28 de febrero de 2013), en el que alertaba de una nueva moral sobreprotectora de los progenitores vegetarianos con respecto a los hijos.

En una sociedad cada vez más infantilizada, donde las virtudes y ambiciones de los adultos (autonomía, responsabilidad, capacidad de decisión y, sobre todo, libertad) tienen cada vez menos prestigio y donde tanta gente busca consuelo, amparo y guías para aprender a vivir, es lógico que el público sea tratado como niños. Parece como si espectadores y lectores hubiesen perdido la capacidad de juzgar o de enfrentarse a las paradojas y a los dilemas. Sí, puede que la obra de arte esté hecha por una persona que no nos gusta, que incluso ha delinquido o simplemente tiene un comportamiento turbio o es un malnacido (aunque también puede que la estemos juzgando con una estrechez de miras neopuritana que haría pasar por liberal a cualquier cazador de brujas), y tal vez en esa obra se perciban desasosiegos, sombras y planteamientos inquietantes que reflejan esa turbiedad moral. Muy bien, ¿y qué? No hay que buscar la moraleja al final del texto.[1]

Del Molino alude a la infantilización como una de las características más relevantes del

1. Sergio del Molino, «Una sociedad infantilizada», en *El País,* 13 de enero de 2018.

neopuritanismo: en esta nueva era, se queja, parece que los sujetos deban ser protegidos de un mal moral que no son capaces de percibir, y mucho menos examinar objetivamente. Introduce, pues, una idea interesante: la infantilización de los sujetos tiene que ver con su incapacidad de emitir juicios desde la ética, ya que siempre interviene la moral.

Por otro lado, quizás la vuelta de tuerca más definitiva de esta nueva noción de puritanismo contemporáneo –este neopuritanismo o puritanismo 2.0, podríamos decir– es que ha sido despojada de dos de los valores más importantes del puritanismo original: la idea de individualismo –una característica esencial del pensamiento puritano del siglo XVII, aupada por Locke, según la cual es el individuo quien tiene una relación directa con Dios– y la importancia capital de la institución eclesiástica.

Los neopuritanos no necesitan de la Iglesia para el dogma moral. Y ya no se ciñen al individuo, se advierte, ya desde Irving y Fox-Genovese hasta del Molino. Estos nuevos puritanos son laicos y colectivizadores.

En todos los artículos sobre el nuevo puritanismo que he leído se repite una misma letanía a la hora de alertar de sus peligros: lo que molesta es la falta de institución y de noción de individuo. Aquí no hay un debate posible ante la turba, no hay un referente institucional con el que conversar, ni un espacio reglado, ni un sujeto individual con el que batirse en duelo. Los adalides del nuevo puritanismo –esos seres todavía inaprensibles en los textos, como un enjambre extraño y peligroso, que solo se define a partir del hecho difamatorio– suelen ser caracterizados como una masa horizontal, más o menos organizada, y realmente propia del espíritu de los tiempos, es decir, que se establece en red: una red que ellos consideran histérica, pero red.

En cualquier caso, neopuritano/a puede ser una feminista antiporno, quien acuse a un humorista de practicar sexo con menores o el programa para la igualdad Skolae, del Gobierno de Navarra, que señala las canciones de Amaral por promover el sexismo. Pero, tras el titular y la anécdota, casi nadie recuerda los nombres o las instituciones, que pasan a ser englobados en la idea de una «moral circundante». Lo mismo ocurre con los casos de acusaciones de corrección política.

Pero en casi todas las quejas por el puritanismo contemporáneo se acaba acudiendo a una figura metafórica de origen claramente puritano: la caza de brujas. Así lo hace la tribuna de Sergio del Molino, con la alusión a la «estrechez de miras neopuritana que haría pasar por liberal a cualquier cazador de brujas». Más concretamente, se suele usar un caso específico, muy localizado y recordado: el de las brujas de Salem. Por poner solo tres ejemplos, de espacios ideológicos supuestamente muy dispares: lo hace el articulista chileno Alfredo Jocelyn-Holt, en el diario *La Tercera,* ante las protestas contra los curas pedófilos en Chile; lo hace Woody Allen al referirse al momento histórico tras el caso Weinstein: «un ambiente de Salem donde cualquier hombre que guiñe el ojo a una mujer en la oficina tenga que llamar de repente a su abogado para defenderse», y lo hacen Javier Benegas y Juan M. Blanco en el diario *Vozpópuli* para referirse a la ley contra la violencia de género como «el pánico moral del siglo XXI (...). Igual que en Salem, se justifica la persecución de las *brujas* para proteger a víctimas indefensas». Resulta curioso que el caso de Salem se enarbole no para mostrar a una sociedad ejecutora de mecanismos de castigo a las mujeres –que fue exactamente lo que supuso la caza de brujas hasta bien entrado el siglo XVIII–, sino para señalar a unas determinadas mujeres como turba enloquecida que va contra el *statu quo* social.

El uso del símil no es en absoluto inocente, por supuesto. El caso de Salem forma parte de la cultura popular y ha sido traído recurrentemente a la cultura moderna, en especial en la obra de Arthur Miller *Las brujas de Salem,* en su momento planteada como una metáfora del maccarthismo. Más allá de que Salem haya trascendido como metáfora de los peligros del extremismo y las acusaciones falsas, es importante detenerse aquí para ver realmente qué significa este fascinante compendio de sociedad, histeria y legislación.

La historia dice lo siguiente: a lo largo de 1692, las acusaciones de brujería por parte de varias adolescentes hacia miembros de la comunidad de Salem (más adelante Danvers) generaron un clima de histeria en la colonia de Massachusetts que desembocó, durante diez meses, en juicios que acabaron con diecinueve ahorcados, el linchamiento –muerte por lapidación, no esa muerte metafórica de hoy a manos de las neopuritanas– de un hombre y más de cien encarcelados. La descomunal escalada de horror y violencia terminó cuando las jóvenes acusaron al distinguido pastor de la Iglesia de Boston, Samuel Willard, y a la mujer del gobernador.

El caso ha fascinado históricamente a estudiosos y profanos. ¿Cómo pudo una comunidad de férreas convicciones religiosas pero también con un sistema penal y social estructurado y con conciencia cívica tolerar que unas niñas dictaran la ley y la venganza según sus delirios? El caso, más allá de las espléndidas extrapolaciones artísticas de Miller, debe ser examinado en contexto. La raíz del conflicto es en gran parte económica: Massachusetts acumulaba tensiones derivadas de su transición desde el modelo económico de la utopía puritana al propio de una colonia dependiente de la Corona británica. La vida social, política, económica y religiosa de la colonia estaba en un momento de agitación y conflicto de valores en una comunidad que tenía sus raíces en un sistema agrario de subsistencia, la altea de Salem, y en el próspero puerto de Salem Proper, que gravaba a los habitantes de la aldea con impuestos.

La aldea de Salem, donde comenzaron las acusaciones de brujería, era una zona agraria más pobre que la vecina ciudad de Salem, poblada por ricos comerciantes. Según el libro

Salem Possessed, de Paul Boyer y Stephen Nissenbaum,[1] la aldea se convirtió en territorio de disputa entre dos grupos opuestos: los campesinos del oeste y los comerciantes del este, más cercanos a la aldea. Lo que parecía una disputa personal, un conflicto económico o incluso una lucha por el poder era en realidad una manera de entender la naturaleza misma de la comunidad.

Con esos condicionantes, una disputa entre clanes por unas tierras fue la chispa que permitió que las afirmaciones de una niña de doce años fueran tomadas por ley. Es decir, el sistema penal y judicial primero toleró y más adelante se adaptó a las demandas de unas adolescentes por las propias tensiones y el ecosistema tan particular de Salem.

Tan es así que, al cabo de unos meses de haber frenado el delirio, un par de chicas de Salem sufrieron convulsiones en la cercana villa de Ipswich al ver a una mujer mayor caminando sola, síntoma inequívoco de brujería. Hartos de los juicios, nadie en Ipswich les hizo ni caso y las chicas volvieron apesadumbradas a

1. Paul Boyer y Stephen Nissenbaum, *Salem Possessed. The Social Origins of Witchcraft.* Boston: Harvard University Press, 1974.

Salem. No se recuerda ningún otro incidente parecido en las colonias, pese a que la creencia en la existencia de brujas que servían al demonio era común en todo el mundo occidental conocido –en Europa, recordemos, se siguió ejecutando a mujeres por brujería hasta bien entrado el siglo XVIII.

La historia de las brujas de Salem es sin duda fascinante. Sus derivas y usos han calado en la literatura, y han servido para narrar cómo una comunidad puede ser puesta patas arriba cuando se eliminan las barreras más elementales. Pero es quizás por su excepcionalidad monstruosa que ha llegado hasta nuestros días, ocultando el origen del caso y a quién iban dirigidas las acusaciones de brujería en su totalidad: tanto en las comunidades puritanas de Massachusetts como en las católicas y protestantes europeas, las mujeres de mediana edad, solteras y con tierras eran castigadas por brujas.

Salem fascina porque es excepcional. Y Salem se utiliza hoy porque se torna, no en una acusación hacia los anticomunistas, como en la obra de Miller, sino en una fábula conservadora del orden patriarcal. Salem es el 0,01% de denuncias falsas de nuestra era contemporánea. Invocando a Salem, las acusaciones se deslegitiman, los casos de abuso se minimizan.

Los crímenes contra las mujeres hasta el siglo XVIII, la verdadera caza de brujas, son hechos conocidos que se produjeron en enorme cantidad y de manera sistemática por parte del sistema legal y político del momento. Pero nada trasciende tanto como la histeria, grave pero puntual, tan jugosa y autoexplicativa de Salem.

Es decir: lo aberrante de una anécdota histórica puede servir para determinar que un discurso es hegemónico en vez de anecdótico. Para dejar de mencionar todos los otros casos que sí explican una estructura sistémica y poderosa. Es decir, para no dejarte ver el bosque, o lo que es peor, para ocultarlo.

2. No seas mariconazo, digo, ofendidito

Desde hace relativamente poco este nuevo léxico desborda la opinión pública. Además de *neopuritanos,* tenemos *ofendiditos* y *adalides de lo políticamente correcto.* Todas estas expresiones se han popularizado a toda velocidad y se usan, casi indistintamente, para definir a un tipo de sujeto demasiado preocupado y en muchas ocasiones profundamente escandalizado por algún suceso cultural, político o mediático de alto impacto.

De todos estos términos, el de *ofendidito* es el que ridiculiza más abiertamente a quien es señalado. El concepto de *ofensa* –que no es nuevo, por supuesto– ha dado lugar a este nuevo adjetivo, *ofendidito*, diminutivo que sirve únicamente para mofarse de quien se siente ofendido. El ofendidito, como bien caracteriza el dúo cómico Pantomima Full en un sketch paródico, es aquel que tiene el gatillo fácil para la indignación, generalmente ante el abuso de lugares comunes o el ataque a causas minoritarias, aquel que se subleva, clama al cielo y corre a generar una plataforma –únicamente digital, claro: no se manchan en las calles, vienen a decirnos los que se ríen de los ofendiditos– que le reporte algo de tranquilidad y paz moral.

El ofendidito, según los opinadores y tuiteros que lo bautizan una y otra vez, merece este diminutivo simbólico por quejarse y reclamar algún tipo de acción –que puede ir de la atención mediática al boicot, por ejemplo–. Se le acusa de hipersensibilidad o de ignorancia, de no saber realmente de lo que habla. Ofendiditas han sido las personas y entidades más dispares. A saber, en los últimos tiempos, Irene Montero frente al juez Lorenzo Pérez San Francisco, autor de un poema satírico y vejatorio contra la diputada; el British Film Institute por denegar financiación a los largometrajes donde aparezcan villanos con cicatrices, o los concursantes de *OT* que no quieren cantar los fragmentos de canciones de Mecano que contengan las palabras *maricón, negrito* o *zorra*.

El ofendidito es el nuevo objeto de mofa que sustituye a «la señora de Cuenca». Este estereotipo, muy conocido y usado en el sector audiovisual, caricaturiza a esa señora de provincias que no sabe de política ni de sofisticaciones, para la que se realizan las comedias familiares y los culebrones de la tarde. Una figura sencilla, un significante al que se le pueden colgar todo tipo de actitudes y gustos, ya que el poder lo tiene el que define, no el sujeto mismo.

Pero el ofendidito presenta nuevas características de las que la señora de Cuenca carecía. Como ilustra el sketch de Pantomima, tiene la piel muy fina, es sensible a causas –que no conocemos, son causas sin más–, pero le pierde el ego, porque se ofende simplemente porque él las quiere protagonizar, sea o no el sujeto afectado. Ese es el defecto verdaderamente achacable al ofendidito: solo está ahí para llamar la atención. En el sketch se dan a conocer dos datos más sobre el ofendidito: cree que el humor debe ser contra el poderoso y no contra el débil –algo que no es nuevo pero que ahora se esgrime en su contra, para provocar la risa– y es un llorón.

Esta información no es menor. Ante la superposición de la palabra *llorón* en el sketch –algo que hace siempre astutamente Pantomima Full, creando otro nivel de significado que congracia inmediatamente al espectador y es el secreto de su éxito, esa comunicación, ese diálogo con él–, nuestro ofendidito responde: «Ah, qué pasa, ¿que los hombres no lloran?» Estamos ante las dos características que definen al nuevo personaje:

1. No cree realmente en las causas que propugna, solamente quiere llamar la atención y enfurruñarse.
2. Es sensible, dado a la emoción sin raciocinio. Es decir, tiene los atributos que tradicionalmente se achacaban a las mujeres y los niños. Podríamos decir que es casi «infantil» o «femenino».

El ofendidito también se define por oposición a lo que hay al otro lado, su némesis: el Fiero Analista, políticamente incorrecto, que no respeta las normas y el *statu quo,* que dice lo que piensa y está dispuesto a llevarlo hasta las últimas consecuencias, aunque le linche (más bien le ciberlinche) la turba. El analista –hombre o mujer, aunque predominan los hombres– es valiente, arrojado aunque reflexivo, y está dispuesto a todo.

Reírse del ofendidito genera un placer parecido al de pertenecer a una subcultura: quien lo hace se distingue por sus gustos, ajenos al *mainstream,* y por ende se identifica y se siente especial en un grupo más reducido. De la misma manera, ¿quién no querría estar del lado de quien se ríe? El que se ríe demuestra así su superioridad, su conocimiento. El que se ríe automáticamente queda por encima del otro, porque le da una vuelta de tuerca a la broma, porque considera que está haciendo una crítica social y cultural descarnada. Por el contrario, el que se ofende no se entera de nada. Por eso una de las principales razones que se aducen cuando hay un escándalo por algún asunto «políticamente incorrecto» (más sobre esto en el siguiente capítulo), una de las principales acusaciones a «la turba» o a «los ofendiditos», es la falta de comprensión lectora. Así sucedió con un texto de Pérez-Reverte, una fábula-sátira cipotuda sobre cuatro amigotes babosos que se intentan ligar a Christina Hendricks en Casa Lucio, que de tan plausible se la creyó todo el mundo.[1] Lo mismo ocurre cada vez que hay un

---

1. Arturo Pérez-Reverte, «Cristina Hendricks y nosotros», en *XL Semanal,* 7 de mayo de 2017.

chiste que despierta ampollas entre feministas, movimientos LGTBI o minorías raciales.

Ese es también el argumento esgrimido por Rober Bodegas, la mitad de Pantomima Full, ante el escándalo desatado después de que reflotara un vídeo de un *stand up* suyo de 2017 en el que hacía chistes sobre estereotipos gitanos. El fragmento dice lo siguiente:

> Es muy difícil ver chistes de gitanos en la tele y me parece bien. Ellos nos han pedido que no hagamos chistes y lo estamos cumpliendo. Nosotros hemos pedido que vivan acordes a nuestras normas sociales y ellos supongo que necesitan tiempo.

A partir de ahí se suceden algunos chistes sobre payos como «Esto es un payo que va conduciendo, lo para la Guardia Civil y tiene la ITV, el seguro, el coche es suyo»...

Ante la repulsa social que despertó el monólogo, el guionista hizo público un largo comunicado en el que, tras disculparse, argumentaba: «En mi opinión no hay que esperar pedagogía ni didáctica en la comedia cuando se dirige a personas adultas, pues confío en el criterio personal de cada persona para discer-

nir entre un chiste y un discurso serio.» Bodegas hacía hincapié una vez más en la idea de
que el humor no tiene límites, pero los ofendiditos sí. Dejaba, eso sí, de lado la idea comple-
mentaria de que el humor, como toda expresión artística, puede tener además intención
ideológica, la entienda así el autor del chiste o
no. De todas maneras, en el apoyo de sus com-
pañeros quedaba, una vez más, fijada la idea
de que, si el humor no tiene límites, todo chiste es un salvoconducto.

Los molestos por los chistes de gitanos de
Rober Bodegas se convirtieron inmediatamente en ofendiditos, pero no se tildó así a la organización Alternativa Sindical de Policía, que
denunció a Dani Mateo por sonarse los mocos
con la bandera de España en un sketch de *El
Intermedio*. Tampoco fue ofendidita Celia Mayer, concejala del Ayuntamiento de Madrid,
que presentó una denuncia contra los titirite-
ros Alfonso Lázaro y Raúl García por delito de
enaltecimiento del terrorismo durante la representación de una obra satírica en los feste-
jos del Carnaval de Madrid en 2016.[1]

1. Es importante apuntar que, en este último caso, la denuncia se modificó al día siguiente para denunciar un incum-
plimiento de contrato, y que días después fue la propia Mayer

No. El ofendidito es objeto de mofa por blando, moralista y porque es corto de miras, básicamente. Porque se ha feminizado. Pero sobre todo porque no ha entendido, o no ha querido entender, la broma, que no es contra el Estado ni contra el poder. El humor del que no se ríe el ofendidito se vende como despojado de política e ideología. O, en su variante más contemporánea, se lo exime de la crítica o la indignación precisamente porque la ideología, si molesta mucho, tiene un chiste pegado a ella.

Es interesante comprobar que el concepto de *ofendidito* es casi un calco del de *snowflake,* «copo de nieve», popularizado tras la victoria electoral de Donald Trump. Partiendo de la cultura anglosajona, que naturalizó en las aulas la idea de que cada niño es un individuo único, como un copo de nieve, nació primero la expresión *snowflake generation* para denominar a una nueva generación de jóvenes obsesionada con la apropiación cultural, el canon de autores que se estudian en las universidades y todo aquello que ha formado parte del debate de los

---

la denunciada por el PP de Madrid por enaltecimiento del terrorismo «en calidad de cooperador necesario» como responsable de Cultura y Deporte del Ayuntamiento de Madrid.

estudios culturales y las políticas de la identidad de las últimas tres décadas. El ejemplo más usado aparece en el ensayo *I Find That Offensive!,* de Claire Fox, donde se discute ampliamente sobre el poder de la ofensa para acallar aquellos discursos que no gustan al grupo políticamente correcto de turno.[1]

Hasta ahí, la crítica forma parte de un sano y en ocasiones divertido debate sociológico que nació en un contexto anglosajón sobre si realmente hay una nueva generación que pueda estar poniendo en riesgo la libertad de cátedra –y en ocasiones la libertad de expresión.

Lo verdaderamente significativo es que el término *snowflake* se ha convertido ahora en un insulto para denigrar a aquellos progresistas que protestan contra las políticas de Trump. Los *snowflakes* son esos seres demasiado frágiles, demasiado especiales, que necesitan que les endulcen la realidad para no verla como realmente es. Y, una vez más, como sucede con los ofendiditos, es la masculinidad lo que está en juego: no en vano, como explica Jonathon Green, editor del *Green's Dictionary of Slang,* el

---

1. Claire Fox, *I Find That Offensive!* Londres: Biteback Publishing, 2017.

término *snowflake* ha venido a sustituir el tradicional insulto misógino u homófobo con el que se caracterizaba a las personas consideradas demasiado débiles para participar en el debate público.

El *snowflake* en Estados Unidos, como el ofendidito en España, se opone al Fiero Analista masculino. No importa que haya aquí dos contradicciones: la primera, que el analista tiene siempre los medios de comunicación a su alcance para decir lo que le venga en gana; no así el ofendidito, que debe acudir a las redes o a la legalidad que le ampara. El ofendidito, más allá de que tenga la opción de la queja, es objeto de mofa precisamente porque se queja. Y quienes se ríen de los que se quejan lo hacen desde tribunas en los periódicos más leídos y tertulias en los programas más importantes de nuestro país. ¿Adónde va, en cambio, el que protesta?

La respuesta es, por supuesto, a las redes. No hay otro lugar, o, si lo hay, tampoco se tiene en cuenta,[1] las protestas son risibles igual. Y entonces empieza de nuevo el silogismo tramposo:

1. He aquí el caso de una protesta feminista, por ejemplo: Irene Montero es objeto de mofa y chanza doblemente, primero en unos ripios machistas publicados en una revista judicial y después cuando denuncia al juez que los perpetró.

las redes arden con protestas, entendidas como ciberlinchamiento, pero se ridiculiza la protesta digital y se ignora la organización social en la calle. El analista «callejero», machote, está en los medios y las redes, tiene poder, y aun así es categorizado como víctima. ¿De qué? De todo. De las feministas, de la turba, de los nacionalismos, de los gitanos, de la izquierda, de la corrección política, de los veganos.

No importa el apocalipsis climático que está por venir: nos oprimen aquellos que nos instan a no comer carne. No importa que vivamos la mayor epidemia de obesidad infantil desde que se tiene registro: el Fiero Analista considera que las recomendaciones escolares para la alimentación son propias de una «autoridad que dicta y somete» (como dice uno de ellos) en este mundo orwelliano políticamente correcto y deslavado en el que una masa informe te dicta qué pensar y qué no decir.

No importa que sean las mujeres las que se manifiestan contra Jair Bolsonaro en Brasil: las feministas son siempre las opresoras ante un discurso políticamente incorrecto. Qué más da que Cuétara haga galletas con la imagen de Hitler: el problema es el mercado. Rober Bodegas hace chistes racistas y el problema es que recibe amenazas, algo sin duda denunciable pero que no obtiene la misma atención mediática cuando las amenazadas son, por ejemplo, mujeres profesionales con perfil público que participan en espacios de comunicación (periodistas, investigadoras, activistas y artistas).[1] Curioso resultado, nadie ha prohibido ni limitado su discurso, pero la víctima siempre es la misma: el Fiero Analista.

No está de más recordar el caso del conocido psicólogo y divulgador Jordan Peterson contra la académica Kate Manne. Peterson, un acérrimo defensor de la libertad de expresión, que se ha amparado durante décadas en ella para formalizar polémicas declaraciones –como que la brecha salarial no se debe únicamente a la cultura laboral machista sino a que las mujeres son «más agradables», que el cambio climático es discutible o que hay argumentos evolucionistas que justifican las relaciones jerárquicas entre hombres y mujeres–, amena-

---

1. Como apunta el demoledor informe de la revista *Pikara* en colaboración con la abogada Laia Serra, esta particular forma de violencia de género a través de las TIC se ceba en especial con las mujeres con visibilidad pública. El abuso en línea contra mujeres comunicadoras y periodistas constituye un ataque directo a la visibilidad de las mujeres y su plena participación en la vida pública.

zó con demandar a Manne, una profesora aso-
ciada de la Universidad de Cornell, por difa-
mación. ¿La razón? Manne había criticado el
último libro de Peterson y le había acusado de
misógino en una entrevista con *Vox.com.*

En cartas a Manne, Cornell y *Vox,* el abogado de Peterson exigió que las tres partes se re-
tractaran inmediatamente de las afirmaciones
difamatorias de la profesora Manne, que estas
fueran borradas de internet y que se le presen-
tara una disculpa a Peterson en el mismo foro
en el que se realizaron las afirmaciones.

La ironía, por supuesto, era demasiado fla-
grante: Peterson, un analista mucho más conocido que la académica que criticaba su discurso, entre otras cosas por su vehemencia en
defender los principios de la libertad de expresión, reclamaba que se limitara a los académicos y administradores universitarios su derecho a la palabra. Y no era la primera vez: en una
ocasión anterior había usado las mismas armas
contra la Universidad Wilfrid Laurier. Es interesante destacar que Peterson ha sido entrevistado en innumerables ocasiones en España,
especialmente en los últimos dos años, con
afirmaciones como que «la feminización de los
hombres» es lo que les acerca a la ultraderecha

y al fascismo. En una vuelta de tuerca más que curiosa, el ofendidito podría pensar, así, que tal vez se salvaría de su «mariconez» si abrazara las ¿masculinas? ideologías ultraderechistas. Todos estos casos siguen una misma dinámica: el eslabón más alto de la jerarquía utiliza los medios a su alcance para realizar una crítica, la que sea, contra un movimiento o grupo social. Cuanto este reacciona criticándole con sus propios medios –ya sea el activismo digital, la argumentación mediática, la legislación vigente o, por qué no, el humor–, el primero le acusa de censurarlo, de difamarle o de malinterpretarlo. Generalmente, además, exige una compensación o un castigo por esa reacción.

Una de las posibles conclusiones (me perdonarán, algo freudiana) es que aquellos que se quejan de la «infantilización» de los sujetos en el siglo XXI, de la «piel fina» y cristalina que tienen los colectivos que según ellos abanderan la corrección política y de la «victimización y revictimización» a la que se someten *motu proprio* esos colectivos son precisamente los que ponen el grito en el cielo y llaman a las autoridades competentes para quejarse de estar siendo perpetuamente «linchados». ¿Acaso hay mayor manipulación del lenguaje que dotar a la palabra *linchamiento* de ese nuevo significado? ¿Quién se visibiliza como víctima aquí una y otra vez?

Es esta manipulación de la realidad y de la condición jerárquica la que, una vez más, nos impide ver el cuadro completo. No importa que, con los números en la mano, podamos argumentar sobre la violencia contra la población LGTBI, contra grupos racializados o contra las mujeres. Los ofendiditos siempre son los mismos, y, señalándolos, los Fieros Analistas dejan de lado una realidad mucho más preocupante.

No es este un texto que pretenda poner, una vez más, límites a la libertad de expresión. Vivimos en un sistema democrático que permite hacer chistes de gitanos o llamar a las mujeres *feminazis*. Cada cual tendrá su interpretación sobre ese derecho y su elasticidad. Pero este texto sí pretende arrojar algo de luz al hecho de que los que critican y señalan están siempre en el mismo bando.

Algo sucede cuando el derecho a la queja es ridiculizado una y otra vez. El boicot como acto legítimo es primero cuestionado por la derecha –no está de más recordar la demonización de los escraches durante la crisis económica–, y ahora se define como un acto de «ofendiditos» y «puritanas» por parte de unos Fieros Analistas que dibujan a un público inconsciente, que no sabe lo que se hace, y que, con su infantilismo, acabará infantilizando a los demás. Cuando Black Lives Matter se transforma en All Lives Matter. Cuando sucesos históricos como #Cuéntalo o #MeToo, en los que por primera vez las mujeres, en red, cuentan y definen su abusos, son contestados con un #notallmen, no todos los hombres. Cuando a las conquistas LGTBI se les contrapone una supuesta fragmentación de la izquierda en luchas parciales.

Cuando el Fiero Analista pide sensatez ante escraches o manifestaciones, despoja de legitimidad a una serie de luchas. Cuando la tacha de queja, niega racionalidad a la protesta. El ofendidito –el quejica, en definitiva– queda reducido a la imagen de una niña pequeña que llora. Y no hay nada peor que una niña pequeña que llora.

Más allá del vocabulario de moda, de que ardan las redes o de que cada día haya una polémica nueva con respecto al lenguaje inclusivo, este y no otro es el verdadero punto crítico: ¿cómo y por qué hemos aceptado que se demonice la protesta?

3. Lo «políticamente incorrecto»: The Future is Nazi

Tal como ocurre con el *nuevo puritanismo,* el concepto *políticamente incorrecto* se ha ido instalando por oposición en el discurso mediático público. No hay día en que un comentarista de derechas, un tuitero antifeminista o un defensor de la unidad de España no se defina como *políticamente incorrecto.* La expresión generalmente se usa para dejar caer «aquello que nadie quiere oír» y se opone a un tipo de pensamiento que el Analista o Activista de lo Políticamente Incorrecto considera «buenista». Este término es un equivalente perfecto de lo que en Estados Unidos se conoce como *políticamente correcto.*

Desde Donald Trump a Un Tío Blanco Hetero, la denominada corrección política se ha convertido en el enemigo a batir. Esta adopta muchas formas: puede ser la de activistas que trabajan a favor de los derechos de los migrantes mexicanos en la frontera con Estados Unidos; la de feministas que defienden el lenguaje inclusivo o los que argumentan que el ataque terrorista de Orlando en junio de 2016 fue un atentado homófobo.[1] El políticamente incorrecto se enfrenta hoy en día a una denominada *corrección política* que no permite que ciertos discursos sean populares. Ante este panorama, el incorrecto es el valiente y osado que dice aquello que nadie se atreve a decir pero todos piensan.

Como en el caso del Fiero Analista contra el Ofendidito, la táctica es la misma: el políticamente incorrecto es percibido como un *outsider,* un rebelde alejado de la política tradicional. Se lo concibe como un político no profesional, fuera del discurso dominante, y se le atribuye una capacidad de conectar con los hombres blancos de las clases populares precisamente por esa característica.[2]

1. Ese fue el caso de Owen Jones, en una tertulia de Sky News, cuya argumentación fue rechazada una y otra vez por el presentador del programa.
2. Un análisis habitual, aunque erróneo, para justificar la victoria de Donald Trump en las elecciones: fue votado por

La contradicción es evidente: los adalides de la incorrección política suelen tener audiencias de cientos de miles –cuando no millones– de personas, y se quejan de estar siendo silenciados. Con independencia de su poder mediático o económico –que en el caso de Trump es ingente–, se posicionan como víctimas de un discurso dominante que resulta buenista y mentiroso, cuando no amenaza directamente la libertad de expresión y actuación.

Pero ¿de dónde procede el término? ¿Cuál es su historia?

Su trazabilidad es muy parecida a la del de *nuevo puritanismo*. Se trata de un concepto que ha servido como termómetro social, con poca aplicación antes de los años noventa. Como explica Moira Weigel en *The Guardian,* la expresión *políticamente correcto* comenzó a usarse de forma irónica entre activistas de izquierda en Estados Unidos para definir la ortodoxia o el pensamiento dogmático.[1] Curiosamente, uno de los primeros colectivos que se

más mujeres que cualquier otro político, y apoyado por la población latina en varios estados.

1. Moira Weigel, «Political Correctness: How the Right Invented a Phantom Enemy», *The Guardian,* 30 de noviembre de 2016.

manifestaron contra la «corrección política» fueron las autodenominadas Lesbian Sex Mafia, que en 1982 organizaron en Nueva York un evento bajo el lema «Charla sobre el sexo políticamente incorrecto» para manifestar su desacuerdo con las feministas que condenaban la pornografía y el sexo BDSM.

Aun así, su resignificación ocurrió en 1990, cuando el *New York Times* publicó un artículo en el que Richard Bernstein alertaba de «una creciente intolerancia» y de «el final del debate» en los círculos del activismo estudiantil universitario.[1] Bernstein había estado en Berkeley, donde percibió la existencia de «una ideología no oficial» según la cual «una amalgama de opiniones sobre raza, ecología, feminismo y política exterior define una especie de actitud "correcta" con respecto a los problemas del mundo. Por ejemplo, las bolsas de basura biodegradables tienen el sello de aprobación PC (políticamente correcto). Exxon no».

El artículo era demasiado suculento como para ignorarlo. Como suele ocurrir cuando se acuña un nuevo término en un medio –recor-

---

1. Richard Bernstein, «The Rising Hegemony of the Politically Correct», *The New York Times*, 28 de octubre de 1990.

demos: *metrosexual, BoBo, NoMo*–, se produjo un alud de artículos que lo utilizaban. *The Wall Street Journal, Newsweek* y la *New York Magazine* cubrieron de una manera u otra la llegada de esta generación políticamente correcta, cuyos miembros fueron acusados de «nuevos fascistas» *(New York Magazine)* e «intolerantes» *(Time).*

Se empezaba a gestar una revolución neoconservadora y lo hacía con reportajes que en ocasiones bordeaban la ficción: era el caso del de *New York Magazine,* donde se relataba un caso de acoso a un profesor en Harvard por parte de estudiantes que se habían sentido ofendidos por una conferencia supuestamente racista. El acoso nunca ocurrió, pero el retrato de unos estudiantes conduciendo una caza de brujas permaneció en la memoria. Acababan de nacer los Ofendiditos.

Por supuesto, esta serie de artículos no llegó sola, sino de la mano de una elaborada trama económica que llevaba, al menos desde 1971, alimentando una contrarreforma conservadora. Una serie de donantes –las familias de magnates Koch, Olin, Scaife, Coors y Bradley, sobre todo– fundaban *think tanks,* institutos, fundaciones, y daban becas a estudiantes conservadores, ofrecían plazas posdoctorales y lectorados en universidades prestigiosas, con el objetivo de contrarrestar el tradicional dominio de lo que podríamos considerar la centroizquierda en la vida académica estadounidense.

Tal y como disecciona Jane Mayer en su libro *Dinero oscuro*,[1] esta nueva inteligencia neoliberal, precursora de lo que ahora se conoce como la Heritage Foundation, uno de los lobbies pro-Trump más activos, o la Scaife Foundation, que financia organizaciones islamófobas y antiinmigrantes, es resultado de la acción desarrollada desde los años setenta por las mencionadas familias. El éxito del movimiento ultraconservador Tea Party y la oleada de supremacismo político se basa en unos pilares construidos hace cuarenta años.

Scaife y Olin sentaron las bases del nuevo pensamiento neoliberal sobre la creencia de que las universidades estadounidenses eran los más importantes centros de lavado de cerebros izquierdistas. Para ello, la contrarreforma debía empezar en los centros superiores. Como efecto de la amplia red de financiación ultra-

1. Jane Mayer, *Dinero oscuro. La historia oculta de los multimillonarios escondidos detrás del auge de la extrema derecha norteamericana.* Barcelona: Debate, 2018.

conservadora, a finales de los ochenta esta corriente ya estaba en disposición de asaltar el *mainstream* con una serie de libros que se convirtieron en bestsellers. Los más importantes fueron *The Closing of the American Mind,* de Allan Bloom, *Tenured Radicals: How Politics Has Corrupted our Higher Education,* de Roger Kimball, y *Illiberal Education: The Politics of Race and Sex on Campus,* de Dinesh D'Souza. Bloom advertía de un creciente «relativismo cultural» superficial entre los estudiantes; Kimball tachaba de frivolidad académica un «nuevo fascismo liberal», y D'Souza argumentaba que la discriminación positiva en las universidades provocaba una «nueva segregación» y era un «ataque a los estándares académicos». Los tres autores recibieron apoyo económico de la red de Scaife y Olin. Las mismas dos familias financiarían con 39,6 millones de dólares los estudios contra el cambio climático entre 2003 y 2010.

Los cambios socioeconómicos de un país cada vez más diverso –en 1990 uno de cada tres estadounidenses no era blanco– no parecían tener cabida en el neoliberalismo académico. Como ocurría con el «nuevo puritanismo feminista» del que hablaba Fox-Genovese, la recién acuñada expresión *corrección política* hacía estragos entre los académicos conservadores, la prensa y el Partido Republicano. Y esta nueva serie de autores y analistas eran reclamados como fuentes autorizadas y sobre todo neutrales por *Newsweek* y el *New York Times*.

Pese a que los debates sobre el papel de las minorías en la sociedad o la condición filosófica de la idea de víctima no eran nuevos ni se los inventaron los conservadores, el concepto *políticamente correcto* sí adquirió una centralidad enorme, y, por primera vez, llevaba aparejado un corpus mediático y académico sin precedentes.

Pero una cosa es el mundo académico y otra muy diferente la opinión pública. El salto de la expresión a la arena política convencional se produjo en 1991 y de la mano del presidente George H. W. Bush en un discurso a los graduados de la Universidad de Michigan: «La noción de *corrección política* ha desatado controversia por todo el país. Y aunque el movimiento nace del encomiable deseo de borrar los restos que permanecen de racismo, sexismo y odio, reemplaza los viejos prejuicios por otros nuevos. Declara que hay ciertos temas de los que no se puede hablar, ciertas expresiones de las que no se puede hablar e incluso ciertos gestos que no se pueden hacer. De una manera orwelliana, las cruzadas que piden un comportamiento correcto destrozan la diversidad en nombre de la diversidad», decía.

Bush abría la veda de la noción contemporánea ultraconservadora de *corrección política:* primero, es un movimiento organizado y consciente de sí mismo; segundo, limita la libertad de expresión.

Su hijo George W. Bush le daría la prestigiosa medalla National Humanities en 2003 a Fox-Genovese, que había popularizado la expresión *nuevo puritanismo feminista.* Para la derecha conservadora, la corrección política sería ya siempre censuradora. Y así llegaría a una gran parte de los formadores de opinión y Fieros Analistas en España.

4. España no es diferente

La idea de *corrección política* llega a nuestro país como un calco estadounidense. Ahora se suceden los artículos que discuten, una y otra vez, sobre la «corrección» en el discurso como una opción censuradora, a la que se opone la calidad de determinadas obras literarias y artísticas para no llevar a debate el contexto en el que estas se crearon, y se acusa a la masa –o la turba– de incurrir en linchamientos virtuales en favor de la exclusión y de fines que en un principio pueden parecer nobles pero que no justifican los medios.

En España, además, los debates vienen fomentados y propulsados por una más que considerable cantidad de sentencias y acusaciones contra humoristas, músicos y artistas que han visto cercenada su posibilidad de ejercer la libertad de expresión en el terreno público.

La afirmación de que la corrección política nos lleva de la mano a una nueva era puritana se sucede día tras día en nuestros medios de comunicación. Las figuras caricaturescas del ofendidito, un calco del *snowflake* estadounidense, y de la neopuritana feminista, una invención conservadora, vienen de la mano de una nueva percepción de la plaza pública como algo opresivo, cada vez más «correcto», más emocional, menos racional. Además, se acusa a la generación *millenial* ilustrada de tener una neosensibilidad individualista –que, curiosamente, en un evidente contrasentido, articula actuando como una masa enfurecida en las redes.

Pero lo cierto es que estas afirmaciones no son verdaderas: los datos no las sustentan ni siquiera en Estados Unidos, donde más polarizado está el debate en torno a la corrección política, la libertad de expresión y el papel que tienen las redes en la diseminación de las nuevas ideologías y el *hate speech*. Según un estudio realizado en 2016 por la organización sin ánimo de lucro Knight Foundation, las personas que se sienten más cercanas a lo que entendemos por izquierda apoyan más abiertamente la libertad de expresión que los individuos que se autodenominan de derechas. Ese apoyo aumenta entre los que tienen estudios universitarios, y los estudiantes universitarios son los que menos quieren limitar la libertad de expresión en los campus universitarios. Por otra parte, el estudio demuestra que la gente encuestada que se identifica con valores de izquierda es más tolerante que los demás. Al traste, pues, se va la construcción neoconservadora de Kimball, Bloom y D'Souza de esos «nuevos fascistas» de las aulas universitarias. Simplemente no hay datos objetivos que sustenten que las políticas de izquierda y en favor de la diversidad generen sujetos más cerrados y censuradores.

Lo mismo sucede en España: según el más reciente barómetro del GESOP para *El Periódico de Catalunya,* el 61,9 % de los españoles cree que el derecho a la libertad de expresión está en retroceso (frente a un 35,6 % que lo niega). Esta cifra se eleva hasta el 85,8 % en Cataluña. Y es que en todas las comunidades autónomas hay más personas que perciben una regresión que personas que niegan que la haya. Pero no, como sostienen los Fieros Analistas, por culpa de las neopuritanas y los ofendiditos censores.

La mayoría de los encuestados cree que debe sancionarse la incitación al odio contra los homosexuales (85,1 %), la publicación de canciones que legitimen el terrorismo (73,8 %) y la difusión de bromas racistas y machistas en las redes sociales (72,6 % y 68,3 %). Es decir, esa actitud, que los Fieros Analistas definen como censora, no es más que un reflejo del sentir general de la población. Y no tiene pinta de estar siendo instaurado por un grupúsculo de neopuritanas y ofendiditos.

Recientemente hemos asistido a charlas, debates y discursos en los medios con respecto a los límites del humor, de la sátira y de la libertad de expresión a raíz de casos parecidos a los de la encuesta anterior. En más de una ocasión, el recurso al ofendidito sirve para desdibujar lo que el Código Penal advierte sobre los límites de la libertad de expresión, unos límites que no se contemplan en la legislación estadounidense.

El artículo 510 del Código Penal es quizás el más destacado instrumento de la legislación española en la lucha contra el racismo, la xenofobia, la homofobia y toda suerte de discriminación por razón de ideología, religión o creencias, entre las que se incluye, desde su última reforma, la incitación a la violencia de género.

España no es el único país europeo en el que se tipifican los llamados delitos de incitación al odio. Alemania, Suiza, Francia, Bélgica y el Reino Unido también los contemplan. En este último, la Public Order Act 1986 es especialmente concreta en lo que respecta a la incitación al odio racial. Tan es así que incluso las Naciones Unidas llamaron la atención a las autoridades en 2015 cuando el diario sensacionalista *The Sun* equiparó a los migrantes con cucarachas en sus páginas.

En España, por otra parte, el discurso del odio, entendido como incitación a la discriminación, odio o violencia racial, xenófoba, homófoba, etcétera, no queda amparado por el derecho fundamental a la libertad de expresión. Ni en España ni en Europa. En España, además, la Ley 7/2010, de 31 de marzo, General de la Comunicación Audiovisual, considera como infracción muy grave la emisión de contenidos que fomenten el odio, el desprecio o la discriminación por motivos de nacimiento, raza, sexo, religión, nacionalidad, opinión o cualquier otra circunstancia personal o social (art. 57.1).

Aun así, desde hace un par de años las columnas de opinión han comenzado a poblarse de artículos sobre los límites del debate. ¿Debemos, como afirmaba un Fiero Analista tras el atentado en Charlottesville, combatir a los neonazis dialogando? ¿Con quién? ¿Es necesario, como sugería otro, entrevistar a los condenados por la agresión sexual en Pamplona, conocidos como La Manada, para *entender*? ¿Debe Falange poder explicar su programa electoral en *Operación Triunfo* para aclarar supuestos malentendidos políticos?

Estos tres últimos ejemplos, de entre 2017 y 2018, muestran hacia dónde van los debates contemporáneos con respecto a la elasticidad de la libertad de expresión. Una vez acuñado el concepto *corrección política,* y sus dos sujetos de acción contemporánea, el ofendidito y la feminista puritana, hay un nuevo baremo temático en los medios: Vox, Bolsonaro, Salvini, Hogar Social Madrid, la Fundación Nacional Francisco Franco, Hazte Oír, Jim Goad y Jordan Peterson son sujeto primero de reportajes informativos y después de entrevistas en las que pueden difundir su mensaje –amparándose, claro, en la libertad de expresión–: sus ideas comienzan a formar parte, muchas veces sin contrapunto, de la opinología del clic y de la mesa de análisis. El fascismo, la ultraderecha y los discursos de odio quedan instalados como sujetos de debate equidistantes.

Ante la asiduidad del debate nazis en el espacio mediático sí o nazis en el espacio mediático no, decía con ironía el humorista Aamer Rahman: «Los comentaristas de derechas blancos, cuando alguien golpea a un nazi, ya comienzan a preguntarse: "¿Es ese el camino? Debemos ganar a esos sujetos en la plaza pública de las ideas." Mira, tío, yo prefiero ganar a esos tíos en el planeta Tierra. Después tú puedes debatir con ellos en la plaza pública de las ideas o en Narnia si te apetece.»

Y, en una vuelta de tuerca más, estos discursos no solo se toleran, sino que se convierten en casos utilizados para medir los límites de la libertad de expresión.

¿Por qué este auge, si tenemos en cuenta que nuestra legalidad vigente es clara con respecto a esos discursos? ¿Qué coladero ha permitido la ratificación en los medios día sí y día también de tesis racistas como las de los okupas neonazis de Hogar Social Madrid o machistas como las de Un Tío Blanco Hetero o Jordan Peterson? ¿Por qué no ocupa el mismo espacio la condena sin fisuras de los evidentes ataques y amenazas de muerte a las mujeres periodistas en España? ¿Por qué los Fieros Analistas, tan preocupados por la libertad de expresión cuando se trata de neonazis, no dedican columnas al recrudecimiento de la violencia homófoba?

El problema es la plaza pública de las ideas a la que se refiere Rahman. O, en el caso de España, su secuestro.

Una vez identificado el sujeto de mofa –el ofendidito y la puritana–, introducido el cambio en los temas de opinión –el creciente espacio para discursos fascistas y de odio hacia las mujeres y minorías– y creado el clima de histeria en los medios –la sempiterna corrección política–, lo que queda en la penumbra es, precisamente, lo que en realidad pasa.

Tal y como concluye Amnistía Internacional, la Ley de Seguridad Ciudadana, conocida como Ley Mordaza, se está utilizando contra el activismo social, obstaculizando el derecho a expresar reivindicaciones de manera pacífica.

En 2016 se impusieron más de 12.000 sanciones por «desobediencia o resistencia a la autoridad o a sus agentes en el ejercicio de sus funciones, cuando no sean constitutivas de delito, así como la negativa a identificarse a requerimiento de la autoridad o de sus agentes o la alegación de datos falsos o inexactos en los procesos de identificación», con multas de hasta 30.000 euros. Algunas de las sanciones se han impuesto en el contexto de manifestaciones o actos de protesta en los que no ha habido ningún tipo de incidente violento o altercado, o por ejercer la libertad de expresión o el derecho de información.

Por otra parte, en 2016 se impusieron casi 19.500 sanciones por «faltas de respeto o consideración cuyo destinatario sea un miembro de las Fuerzas y Cuerpos de Seguridad en el ejercicio de sus funciones de protección de la seguridad».

Más allá de lo que pueda ser entendido como una «falta de respeto o consideración», lo cierto es que esa fórmula legal otorga una enorme libertad al agente del orden, ya que en sus manos queda la interpretación de la ley. Solo en 2016, este tipo de faltas permitió emitir sanciones por un importe que supera los tres millones de euros.

Por otra parte, las enmiendas introducidas en el Código Penal en 2015, que ampliaban el ámbito de aplicación del artículo 578 para penalizar el «enaltecimiento» del terrorismo mediante la difusión pública de «mensajes o consignas», han hecho que aumenten drásticamente los procesamientos y las sentencias condenatorias derivadas de su aplicación –de tres en 2011 a 39 en 2017–, y solamente en los dos últimos años fueron declaradas culpables casi setenta personas.

También el artículo 525 del Código Penal, aprobado en 1995, establece que «incurrirán en la pena de multa de ocho a doce meses los que, para ofender los sentimientos de los miembros de una confesión religiosa, hagan públicamente, de palabra, por escrito o mediante algún tipo de documento escarnio de sus dogmas, creencias, ritos o ceremonias, o vejen, también públicamente, a quienes los profesan o practican».

Durante años la interpretación de la doctrina por parte de los jueces hizo que no se condenara a nadie por el delito de escarnio, según explica Óscar Pérez de la Fuente, profesor de Filosofía del Derecho y Filosofía Política de la Universidad Carlos III de Madrid. A pesar de ello, tras la crisis económica que estalló en 2007 y que a partir de 2010 empezó a movilizar a la gente en las calles a través de manifestaciones y huelgas, sí ha habido un buen número de juicios por ese tipo de delitos. Desde el del joven a quien un juzgado de Jaén condenó a pagar 480 euros por subir a Instagram un montaje de su cara con la del Cristo Despojado hasta el de Rita Maestre, portavoz del Ayuntamiento de Madrid, por acceder desnuda de cintura para arriba a la capilla de la Complutense para manifestarse en favor de la laicidad de la universidad, pasando por el de las tres mujeres que el 1 de mayo de 2014 desfilaron en la procesión del Coño Insumiso con la representación de una vagina cubierta por un manto para reivindicar los derechos de la mujer.

He mencionado antes el artículo 510 del Código Penal. Pese a ser una herramienta diseñada para la protección contra los discursos xenófobos y machistas, su aplicación en España hace dudar en muchos casos de su efectividad. En los últimos años, la tipificación como delito de la incitación directa e indirecta al odio vulnera la libertad de expresión, y, teniendo en cuenta lo conservador de la judicatura, han tenido que pasar por el juzgado por delitos de odio activistas de grupos feministas como Femen o revistas como la satírica *El Jueves,* acusada por la policía; próximamente lo hará la socialista andaluza Susana Díaz, acusada por Vox amparándose en la base «ideológica» del artículo 510. Una interpretación laxa de ese artículo, pues, puede acabar con la crítica política.

Aun así, para los Fieros Analistas el debate no se centra en las interpretaciones de la judicatura, ni siquiera en la existencia de esas leyes. El Fiero Analista no analiza el poder, sino a los ciudadanos, de gustos mentecatos y una nueva moral inaprensible pero que, para ellos, es fácilmente reconocible y desechable.

Epílogo
El lamento del Fiero Analista

Este texto iba a acabar de otra manera, pero debe acabar de esta. Mientras concluyo estas páginas gana Bolsonaro las elecciones en Brasil, con un discurso radicalmente violento y homófobo que caricaturiza a su oponente como defensor de la pedofilia y el incesto y responsable de la distribución de un ficticio «kit gay» para niños de seis años en las escuelas públicas. Dani Mateo es acusado de ofensa a la bandera de España y su caso pasa a disposición judicial. El Tribunal Superior de Justicia de Navarra ratifica la sentencia de abuso sexual a los cinco integrantes de La Manada. Vox consigue doce escaños en las elecciones andaluzas, abriendo la veda para la introducción de una ultraderecha sin complejos en la agenda política española.

También suceden otras cosas. Un periodista admite haberse inventado los testimonios de unas mujeres que acusaban de acoso a Morgan Freeman. Ian Buruma deja *The New York Review of Books* tras las críticas que recibió por publicar un artículo de un hombre acusado de conducta sexual inapropiada. El Gobierno y Podemos pactan incluir la necesidad de que haya un consentimiento expreso en la tipificación de los delitos sexuales del Código Penal. Temblores sísmicos en una época de cambios.

Un compañero me aconseja leer a Richard Rorty. Tiene sus reparos con mi descripción de lo *políticamente correcto* como una invención de la ultraderecha. Tiene razón, no debería considerarse una conspiración orquestada. En realidad, más bien se trata de un contagio. La opinión es un virus, y en momentos de cambio social hay ideas que prenden y hay ideas que no. La tesis de este texto es que los mecanismos de defensa que se generan definen, también, nuestra época.

Es importante señalar que el debate sobre la corrección política es anterior a la invención de la expresión. ¿Puede construirse una verdadera condición legal a partir de la teoría de que hay grupos humanos más débiles que otros por naturaleza? Para Rorty, las políticas de reconocimiento «del otro», la reivindicación de las particularidades y las diferencias, hicieron poco por las leyes pero «transformaron radicalmente la manera en que nos tratamos unos a otros. Hay menos sadismo y más respeto, y ello es resultado de una transformación voluntaria y consciente de la cultura».

De todo lo que sucede en los movimientos sociales contemporáneos y su interpretación por parte de la opinión pública como pensamiento «políticamente correcto», quizás lo más interesante tenga que ver con la más estricta construcción de una moralidad edificante. Tomando el relevo de los Fieros Analistas, ya que la ficción no debe ser moralista, aleccionadora y ni siquiera didáctica, ¿por qué debería serlo este texto?

Este pequeño ensayo apenas navega las aguas oscuras de los discursos que se construyen defensivamente en épocas de cambios. Y se pregunta cómo hemos sustituido cierta teología aleccionadora por la opinión dictada siempre desde la atalaya del saber construido como masculino, por la razón como poder; una sustitución que en ocasiones ha derivado, curiosamente, en el lamento del Fiero Analista.

Aquellos que han alzado la voz al grito de «¡Censura!» porque se quite el busto del esclavista Antonio López y lamentan que se recojan firmas para que se contextualice –que no prohíba– una muestra de Balthus. Aquellos que claman que en los noventa no había racismo y que quieren dialogar con la ultraderecha para no polarizar a los votantes. Aquellos que minimizan el análisis cultural plural, al que tachan de «didáctico» o «inquisitorial».

No es casual que las columnas de los Fieros Analistas nos acaben resultando el lamento de una época que finaliza, su canto del cisne, con sus ofendidos, sus puritanas y sus correcciones políticas.

Quien busque doctrinas o morales que seguir no las encontrará en este texto. Yo no he venido a ser buena. Ni siquiera una puritana. No he venido a dictar catecismo.

La historia nos avisa. El neopuritanismo siempre es conservador, y pone en el punto de mira a quienes más libertad reclaman. La sorna del Fiero Analista ofendido contra el ofendidito no busca otra cosa que recuperar su centralidad perdida en el discurso dominante y reafirmar aquello que conforma el «buen gusto», determinar de qué se habla y de qué no y, sobre todo, cómo se habla de ello. Desde su tribuna, todo lo diverso es histérico, y, por lo tanto, es impugnable. Por otra parte, al señalar con pataletas los cambios sociales y la mayor pluralidad de voces, enmascara los verdaderos problemas de libertad de expresión que tenemos en nuestro país y el fantasma que recorre Europa: el fascismo.

Todo lo demás, como lo sólido (¿por qué no?, como las brujas), se desvanece en el aire.

Índice

Nuevos cuadernos Anagrama

Impreso en Talleres Gráficos
LIBERDÚPLEX, S. L. U.
crta. BV 2249, km 7,4 - Polígono Torrentfondo
08791 Sant Llorenç d'Hortons